AF242173

DE
LA MONARCHIE
EN FRANCE.

IMPRIMERIE LE NORMANT, RUE DE SEINE.

DE
LA MONARCHIE
EN FRANCE;

PAR D****, EX-PRÉFET.

PARIS.

LE NORMANT, IMPRIMEUR-LIBRAIRE,

RUE DE SEINE, N° 8, PRÈS LE PONT DES ARTS.

———

(Décembre 1822.)

DE
LA MONARCHIE
EN FRANCE.

CHAPITRE PREMIER.

De la Restauration.

Lorsque la révolution eut vaincu en France les hommes de l'ancien régime, elle se trouva en face de l'ordre des choses tel que ce régime l'avoit fait : elle l'attaqua et le détruisit facilement, parce qu'il étoit vieux et usé, et qu'en général, il n'étoit pas fondé sur les principes de la vérité. Lorsque la contre-révolution eut triomphé, en 1814, des hommes de la révolution, elle se trouva à son tour en face de l'ordre des choses tel que cette révolution l'avoit fait : elle sentit que, pour le détruire, il falloit recommencer une guerre plus longue et plus terrible que celle qu'elle venoit de terminer, parce qu'il avoit la force de la jeunesse ; qu'il appartenoit à toute la nouvelle France, et qu'il étoit, en général, fondé sur les vrais intérêts du peuple : elle s'arrêta elle-même ; la Charte fut octroyée : elle fut la loi des hommes de l'ancienne France, parce qu'elle leur assuroit, autant que possible, la conservation des positions individuelles qu'ils venoient de reconquérir à l'aide des étrangers ; car la restauration ne leur valut rien de plus, et ils avoient à redouter d'en être dépossédés, et d'être rejetés encore une fois hors de l'Etat, lorsqu'ils se retrouveroient abandonnés à leur seule force nationale.

Elle devint celle des hommes de la nouvelle France, parce qu'en terminant une guerre désastreuse, elle leur garantissoit sans nouveaux combats, et transformoit irrévocablement en droit tout ce dont ils étoient encore en possession au moment où elle fut octroyée : elle présenta aux uns et aux autres d'assez grands avantages pour qu'ils fussent intéressés à sa conservation , mais d'une manière diffé-rente : les premiers en stipulèrent eux-mêmes les conditions dans le moment de leur triomphe, et ils y introduisirent en leur faveur tout ce qu'ils crurent pouvoir posséder avec sécurité au sein de la nouvelle France. Les seconds ne l'acceptèrent que comme un traité équitable, quoique imposé par le vainqueur ; que comme un moyen qui leur étoit offert de se soustraire à de plus graves revers, dont ils étoient me-nacés par la présence des armées de l'Europe. Pour les uns, elle est l'arche sainte ; les limites sur lesquelles elle a arrêté la contre-révolution triomphante sont pour eux les colonnes d'Her-cule ; plus loin, elle n'eût rencontré que des abîmes : si jamais ces limites étoient remises en question, toutes les chances leur seroient contraires : ils ne pourroient pas espérer voir renaître les circonstances prodigieuses qui les mirent momentanément à même de traiter plus que d'égal à égal avec leurs adversaires. Pour les autres, c'est une constitution qu'ils respectent comme une planche de salut qui leur fut offerte dans le seul moment d'humiliation et de défaite qu'ils aient eu depuis le commencement de la révolution, mais qu'ils ne chériront jamais comme celle de 1791, ou toute autre qu'ils auroient eux-mêmes stipulée aux jours de leurs triomphes. Toutes les concessions qui ont été faites dans la Charte, par les hommes de l'ancien régime, en faveur de la nouvelle France, l'ont été à la force des choses, dans le moment même où les hommes de la révolution étoient vaincus : toutes celles qui ont été faites à l'ancien régime l'ont été aux hommes, puisque les choses n'existoient plus. De ces considérations, il paroît résulter invinciblement que la conservation de la Charte doit être confiée aux hommes de l'ancien régime, sous la condition prise, dans leur intérêt propre, d'employer les choses telles que la révolution les a faites; mais non aux hommes de la révolution, au moins pendant le temps nécessaire pour que l'action journalière du gouvernement représentatif, et les progrès des mœurs constitutionnelles, aient opéré la fusion de ces divers élémens politiques dans un seul et même Etat.

Ce principe a une si grande force de vérité, qu'elle a généralement été sentie en France, dès le commencement de la restauration, et que, malgré toutes les irritations de partis, l'opinion publique s'est toujours prononcée dans les élections, en faveur des hommes de l'ancien régime, quelque contrariée qu'elle ait pu être par le système ministériel de 1816, et les diverses combinaisons électorales par lesquelles les ministres se sont efforcés de l'égarer. Si l'autorité seule s'est si long-temps trompée, il faut en chercher la première cause dans la fausse politique de Fouché, dont le ministère hérita en 1815, et dont il s'est trop long-temps efforcé de suivre les erremens. Cette politique dénaturoit la restauration, en l'assimilant au 18 brumaire. A cette époque, Napoléon, porté à la tête du gouvernement par un état militaire qu'il avoit en partie créé, et qui étoit spécialement à lui, put passer entre les partis, se maintenir dans les commencemens sans le secours d'aucun d'eux ; les rallier peu à peu, et enfin les entraîner d'une main puissante dans la direction qu'il voulût donner à l'Etat. Louis XVIII, replacé sur son trône par une force en grande partie étrangère, ne pouvoit trouver le point d'appui qui lui étoit nécessaire pour rallier la nouvelle France, que dans les hommes et les débris qui avoient subi des destinées semblables aux siennes, et que la restauration avoit également relevés. Ce n'étoit qu'en leur demeurant étroitement uni qu'il pouvoit se mettre à même de consolider la monarchie constitutionnelle, en donnant à sa couronne assez de consistance pour qu'elle ne fût pas d'abord envahie par la démocratie, ou renversée par les partis. Il est évident que si, en 1816, les royalistes n'avoient pas été plus fidèles que le ministère à leurs véritables intérêts et à ceux de la France, et que, repoussés

par l'autorité royale, ils eussent pu l'aban-
donner et se réunir franchement aux ennemis
de la légitimité, elle n'auroit eu aucun moyen
de résister.

Les hommes tombent communément dans
une erreur semblable à celle de Fouché lorsqu'ils ont eu une part active au succès de quelques grands événemens politiques : ils se font
alors un système des mesures par lesquelles
ils ont réussi, et l'appliquent, avec une sorte
de manie, à tous les événemens qui leur paroissent de même nature, quoiqu'ils se pré-
sentent à des époques différentes, sans vouloir
considérer que leurs analogies sont toujours
imparfaites, et le plus souvent ne sont qu'ap-
parentes. C'est ainsi qu'après la bataille de
Waterloo, les vieux patriotes ne virent de
salut que dans la tribune et la Convention de
la république, parce que ce moyen leur avoit
réussi aux beaux jours de leur carrière politique, dans des circonstances qui présentoient
quelque analogie avec celles de 1815; et c'est
ainsi que Fouché crut pouvoir assurer le triom-

phe de la monarchie légitime par les mêmes moyens qui avoient servi à celui de l'empire.

Je me propose d'examiner dans cet écrit quels ont été les résultats du système ministériel dont il a été le père, et dans quelle situation il a laissé la France lorsqu'il a été abandonné en 1822.

CHAPITRE II.

Théorie de la Monarchie représentative.

La monarchie représentative n'est point une théorie sortie de la tête du législateur et applicable à tous les peuples : elle est une émanation du sol des vieilles monarchies bouleversées par les révolutions libérales; elle en embrasse toutes les inégalités et y recueille tous les débris. Lorsque la première fougue de ces révolutions est finie, elle est seule propre à fixer les limites qu'elles ne doivent plus dépasser, et à reconstituer l'Etat de manière qu'elles ne fassent pas de nouvelles éruptions : elle n'existe que par l'équilibre qu'elle maintient dans les Chambres et dans la nation, entre les principes monarchiques et ceux de la démocratie. Comme ces derniers y sont toujours en attaque, elle doit sans cesse rallier autour du trône toutes les aristocraties anciennes et nouvelles, et tous les élémens sociaux naturellement alliés de l'autorité royale : sa durée dépend de l'art avec lequel le gouvernement sait ménager ces divers élémens, dont la plupart, ayant leur origine dans l'ancien ordre de choses, peuvent difficilement se renouveler aujourd'hui dans la même proportion. Elle a besoin de tous les antécédens de la vieille Europe, et ne se maintiendroit pas chez un peuple neuf, où la démocratie auroit bientôt détruit, en envahissant le trône, l'équilibre qui lui est nécessaire ; elle ne peut même, en Europe, être que transitoire : c'est un temps de repos nécessaire aux peuples qui ont éprouvé de grandes crises révolutionnaires, pour laisser aux doctrines libérales le temps d'absorber, par l'action lente et insensible de la presse et de la tribune nationale, ceux des principes purement monarchiques de l'ancien système politique et religieux de l'Europe, qui, plus enracinés dans le sol et dans les profondeurs du cœur humain, ont résisté à la violence des révolutions. Lorsque les temps nécessaires à l'accomplissement de cette œuvre dans toute l'Europe seront passés, elle subira inévitablement une nouvelle crise qui la placera sur les bases de cette république représentative, but et point extrême du système libéral, dont les Etats-Unis sont aujourd'hui le type. Cette époque sera plus ou moins reculée, selon le degré de sagesse avec lequel les gouvernemens monarchiques sauront maintenir le jeu de la nouvelle institution politique dont ils sont en possession. Dans cette institution le peuple exerce déjà réellement la souveraineté ; et, quelque étrange que puisse paroître cette assertion aux partisans ombrageux de l'autorité royale, je crois qu'il est démontré, par la théorie du gouvernement représentatif, que le problème qui a été résolu par les modernes, en faveur de la liberté et du repos des nations, est celui d'avoir concilié cette souveraineté avec une monarchie héréditaire et un trône plus inébranlable que celui des monarques les plus absolus.

Sans doute le Roi gouverne l'Etat, mais il

ne peut en définitive le gouverner que selon la volonté du peuple, parce que tout le ressort de son gouvernement est dans les Chambres qui ont leurs racines dans ce peuple ; et que l'opposition qui s'y forme plus ou moins alimentée, selon le degré de sagesse avec lequel les intérêts publics sont ménagés, est sa véritable boussole. Dans tous les temps cette opposition vivifie l'administration ; et, sous un ministère incapable ou anti-national, elle arrive nécessairement à un tel degré de force, qu'une commotion deviendroit imminente si le législateur n'avoit placé entre les mains du monarque un moyen de lui donner une issue, en abaissant, si je puis m'exprimer ainsi, les digues contre lesquelles ses flots se sont long-temps irrités. Alors le ministère tombe, les premières lignes de l'opposition arrivent sur les hauteurs du pouvoir ; elles s'y trouvent naturellement investies de la confiance publique et de toute la force de l'opinion ; l'organisation d'un nouveau ministère n'est plus que la sanction royale en faveur de ses membres les plus

distingués qui y sont ainsi appelés par le suf-
frage du peuple hautement manifesté ; ses
rangs se trouvent dédoublés, elle reprend son
niveau politique, et ne conserve plus que le
degré de force nécessaire à son action. D'un
autre côté, le gouvernement se fortifie de la
popularité et des talens des hommes éprouvés
qu'il lui enlève ; en changeant leur mandat de
députés contre celui de ministres, leurs de-
voirs se trouvent tellement modifiés, qu'au
lieu d'avoir à s'occuper spécialement de la conservation des droits et des libertés du peuple,
ils n'ont plus qu'à maintenir l'équilibre entre
les différens pouvoirs.

Tandis que les hommes qui prennent une
part active aux affaires, passent ainsi successivement de l'opposition au ministère, et du
ministère aux rangs de l'opposition ministérielle, pour que l'Etat ne soit pas ébranlé
par cette mobilité, et entraîné dans la démocratie dont les intérêts sont toujours si actifs
au milieu d'un grand peuple, il faut qu'il y
ait dans la nation une masse d'élémens monar-

chiques toujours immobile autour du trône,
représentée par des hommes que leurs principes portent à prêter et à retirer alternative-
ment leur appui aux différens ministères que
la confiance du peuple et le choix du monarque appellent à la tête de l'administration, ou qu'ils en écartent. C'est sous ce rapport que toutes les aristocraties qui subsistent
encore dans les Etats constitutionnels qui ont
fait partie de la vieille Europe, entrent si nécessairement dans la monarchie représentative, que leur disparition totale en entraîne-
roit rapidement la dégénération.

C'est aussi par ces combinaisons qu'au lieu
de ces révolutions terribles, qui bouleversent
les vieilles monarchies jusque dans leurs fon-
demens, les peuples gouvernés représentativement éprouvent de temps à autre quelques-
unes de ces crises salutaires qui ne sont pas
assez violentes pour atteindre le trône et les
grandes bases de l'ordre social, mais qui le
sont assez pour retremper les hommes et les
institutions, et entretenir dans l'Etat une jeu-

nesse éternelle. Par elles tous les pouvoirs de la société sont si parfaitement pondérés, que, bien qu'assujétis à un mouvement continuel d'action et de réaction, et poussés chacun dans sa sphère par une force impétueuse et irrésistible, l'opinion, ils opèrent cependant leur révolution annuelle avec autant de régularité que ces corps célestes aux mouvemens desquels préside une sagesse divine.

On sentira aisément que plus cette grande machine politique est puissante et exacte dans son ensemble, plus il est dangereux de le détruire, en y introduisant des pouvoirs inconstitutionnels et arbitraires que son mécanisme repousse. Les différentes forces qui la font mouvoir, non seulement cessent à l'instant de réagir les unes sur les autres, de manière à resserrer sans cesse le lien social; mais elles concourent toutes à le rompre. L'Etat est bouleversé par les mêmes passions qui devoient le faire vivre, et éprouve une commotion d'autant plus violente qu'il a plus de jeunesse, d'énergie et de prospérité. J'examinerai dans le chapitre suivant comment l'ordonnance du 5 septembre a fait courir ce danger à la France.

CHAPITRE III.

De l'Ordonnance du 5 septembre.

Le ministère fut créé en 1815 par la volonté spontanée du Roi : il devoit en être ainsi ; la Charte venoit d'être octroyée; un certain temps étoit alors nécessaire pour qu'une majorité politique se manifestât dans la nation, et que le jeu de nos institutions fît ressortir les différentes supériorités qui devoient être placées au sommet des affaires; mais dès la fin de la seconde session, ce ministère, qui fut malheureusement conservé, n'étoit plus qu'un favoritisme vicié dans son principe, sans racines dans l'opinion, sans analogie avec l'ordre de choses au milieu duquel il devoit agir, et ignorant à un tel point le gouvernement constitutionnel, que lorsqu'il sentit que le pouvoir l'abandon-

2

noit, il s'imagina follement qu'il le ressaisiroit par un coup d'Etat. Il n'étoit point parvenu à se légitimer dans la Chambre de 1815; avant la fin de la session elle portoit déjà d'autres hommes à la tête de l'administration. Repoussé par une majorité royaliste, il crut pouvoir employer contre elle le moyen que la constitution donne à l'autorité royale de rompre une opposition démocratique qui auroit accidentellement obtenu dans les Chambres une majorité qu'elle n'auroit pas dans les colléges. La Chambre des Députés fut dissoute, bien que cette mesure fût à la fois impolitique, puisqu'elle tendoit à isoler le trône de ses soutiens naturels, et inconstitutionnelle, parce qu'elle lui faisoit exercer une influence qui est réservée à l'opposition ; cependant la situation extraordinaire où la France s'étoit trouvée en 1815 la rendoit excusable. La Chambre avoit été élue sous les baïonnettes étrangères, et le ministère éleva, avec quelque raison, des soupçons sur sa nationalité. L'ordonnance du 5 septembre ne devint un véritable coup d'Etat et n'en eut les suites désastreuses, que lorsqu'après l'ouverture de la session de 1816, voyant que les élections avoient reproduit une majorité qui lui étoit également contraire, ce ministère s'obstina à rester à la tête de l'administration.

L'ordre politique de la France ayant dès lors été rompu par le caractère étranger à sa nature des principaux agens de l'autorité royale, l'anarchie gagna rapidement les pouvoirs élevés de la société ; détournés de leur ligne constitutionnelle, et ne pouvant plus donner d'issue à l'énergie des divers élémens politiques qu'ils représentoient, ils la concentrèrent chaque jour davantage, et bientôt ils se heurtèrent avec une violence proportionnée à l'accroissement de cette énergie. Cependant le ministère, qui, dans la monarchie représentative, n'a qu'une force artificielle tout entière dans le mécanisme de l'institution politique, demeuroit frappé d'une sorte d mort, et n'en sortoit que dans les instans où il étoit successivement saisi ou re-

2.

poussé par les différens partis qui s'agitoient dans les Chambres. Si tant de matières inflammables, si follement comprimées, ne firent point explosion, la force tutélaire qui en préserva la France se trouva tout entière dans la sagesse des nouvelles doctrines sociales ; elles eurent assez d'empire pour maintenir l'Etat lorsque son institution avoit été brisée ; le peuple, qui sous leur influence se livre avec tant de facilité à l'action d'un gouvernement régulier, refusa de prêter aveuglément son appui au ministère ; mais, par son immobilité, il lui laissa le temps de sortir du défilé périlleux dans lequel il avoit entraîné l'autorité royale : aucune masse ne s'ébranla pour ensanglanter la lutte des partis qui combattirent seulement au pied du trône. La raison nationale contint long-temps les pouvoirs de la société lorsqu'ils étoient soulevés par les passions politiques. Enfin elle les a fait retomber dans leur assiette constitutionnelle, en formant dans la Chambre de 1820 cette glorieuse unanimité qui lui a servi à rejeter celui qui causoit le trouble de l'Etat et en dénaturoit le système politique.

A peine l'ordonnance du 5 septembre eut-elle été rendue que le ministère, séparé des royalistes, et jeté seul dans le pouvoir absolu, se trouva impuissant pour l'exercer : l'opposition le recueillit, et le fit marcher dans une carrière au terme de laquelle elle prévoyoit qu'il trouveroit sa catastrophe et celle de la légitimité. La loi du 5 février fut pour elle le fruit de cette alliance. Cette loi qui constituoit, sinon le privilége, au moins le monopole des élections dans la moyenne propriété, et dans les hommes âgés de plus de trente ans, non seulement étoit anti-monarchique, mais à la longue elle auroit brisé l'institution la plus républicaine. Sous une république, le vœu du peuple doit arriver aux Chambres dans son intégrité ; aucunes combinaisons électorales ne peuvent le modifier ; tous les citoyens payant une rente à l'Etat et jouissant de leurs droits civils doivent y concourir également. La loi du 5 février y créeroit des intérêts politiques particuliers qui sont toujours ingouvernables dans un Etat démocratique, ou qui en sont violemment repoussés. Sous un monarque, la grande propriété, la propriété moyenne, et la dernière classe doivent chacune avoir leurs colléges spéciaux dans des localités différentes, la grande propriété, toujours en plus forte proportion, parce qu'elle a plus d'analogie avec la monarchie, et en communique à l'ensemble. Elue de cette manière, la représentation nationale est moins homogène et par conséquent plus gouvernable. C'est par de semblables combinaisons que l'Angleterre est parvenue à se maintenir dans son institution politique, et à jouir des avantages d'une opposition toujours populaire et toujours contenue. Pendant les trois années que la loi du 5 février a régi le système électoral de la France, le vice de l'administration a sans doute hâté dans l'Etat le développement du principe anti-monarchique qu'elle y auroit apporté dans tous les temps. Le ministère n'étoit pas tellement effacé que sa défection de l'opinion royaliste n'otât à cette opinion bon nombre d'élémens électoraux. Dans les colléges, le candidat ministériel enlevoit inutilement une partie des votes au candidat royaliste, et assuroit ainsi l'élection de celui de l'opposition. Souvent aussi l'irritation politique y égaroit les voix des électeurs, et ce fut toujours au profit de la démocratie.

M. Lainé avoit préparé le projet de la loi des élections, et l'avoit discuté à la tribune. Il recula devant les résultats de la loi du 5 février, et ne voulut plus faire partie d'un ministère où les hommes d'Etat les plus exercés se sont difficilement soutenus d'une session à l'autre. Ce fut dans ce moment, lorsque les ministres commençoient à reconnoître les dangers de leur alliance avec l'opposition et cherchoient à s'en séparer, que les doctrinaires, fraction politique qui venoit de se détacher brusquement de l'extrême gauche, et n'avoit encore d'existence que dans la Chambre des Députés, prétendirent faire abstraction de tous les partis, et mettre le ministère en position de constituer la monarchie légitime entre ces partis, en les laissant tous également en dehors de l'Etat. C'étoit encore le système de Fouché, moins les hommes et les choses sur lesquels il avoit cru pouvoir s'appuyer. Il étoit alors évident que ces hommes et ces choses n'existoient pas. Trop foibles pour gouverner les hommes, les ministres se réfugièrent dans les doctrines; et, ayant reformé le ministère en 1819, ils pensèrent qu'ils n'avoient plus pour gouverner la France qu'à les propager par la liberté de la presse. Ils s'étoient obstinés à se faire une France idéale, et à méconnoître la puissance des partis politiques : la presse libre détruisit enfin leur illusion, et leur fit sentir plus que jamais leur fausse position et leur foiblesse. Les royalistes et l'opposition les attaquèrent à la tribune et dans leurs écrits périodiques avec un redoublement d'énergie, et opposèrent partout une résistance invincible à leur administration. Dès lors le ministère, sentant le pouvoir lui échapper chaque jour davantage, n'osa plus s'occuper

des lois constitutives qui auroient complété
un ordre de choses par lequel il étoit repoussé,
il laissa tomber de son propre poids cette
ordonnance de bannissement du 14 juillet,
dressée et contre-signée par un homme qui
depuis avoit été lui-même banni par une loi;
ordonnance si monstrueusement arbitraire et
despotique, que son existence seule au milieu
d'un Etat constitutionnel en constateroit le
désordre. La Chambre de 1815 elle-même en
auroit fait justice dès sa seconde session, si elle
n'eût pas été dissoute. Ce fut le dernier acte
de haute administration, et le seul régulier
que le ministère de 1816 fit faire au gouvernement; il attendit ensuite son salut du temps
et des événemens; mais, seuls, ils ne guérissent
pas plus les maladies du corps politique lorsqu'il y existe un principe de désorganisation,
que celles du corps humain : il faut d'abord que
ce principe soit détruit.

Un coup de foudre vint le tirer de son
inertie ; le duc de Berry fut assassiné : son
assassin fut comme un député envoyé par les

régicides à des ministres qui avançoient trop lentement dans un système sorti de la tête d'un régicide. Il fit de nouveau retentir le terrible cri *Mort aux Rois;* le prince tomba; la monarchie se leva épouvantée, et le ministère, sortant tout à coup d'une profonde nuit, vit l'anarchie assise sur des lambeaux et des monceaux de cadavres à deux pas de lui, au terme de la carrière où il s'efforçoit d'entraîner l'Etat. Dès lors la situation critique où il avoit conduit la monarchie fut généralement sentie. Il s'efforça vainement par la loi de censure, celle contre la liberté individuelle, et par de nouvelles combinaisons électorales, de contenir l'opinion qui se prononçoit énergiquement contre lui, et de rester à la tête de l'administration en en changeant lui-même la direction ; il étoit réservé à d'autres hommes et à d'autres principes de réparer les maux présens et d'assurer le glorieux avenir de la France.

CHAPITRE IV.

Du Ministère.

Au moment de l'ouverture de la session de 1822, tous les contre-poids nécessaires au gouvernement représentatif existoient, mais le jeu en étoit encore arrêté par la présence d'un ministère que sa nature repoussoit; le rapprochement spontané des deux côtés de la Chambre le jeta hors de l'institution politique, et y fit aussitôt renaître le mouvement; le résultat immédiat fut de faire sortir des rangs de la majorité et de présenter à la sanction royale les hommes qui étoient appelés à former le ministère, et qui, par suite des antécédens particuliers à cette époque, en exerçoient déjà en grande partie l'influence. Depuis long-temps MM. de Villèle et de Corbière, à la tête de la majorité royaliste, quoique forcément hostiles contre une administration dégénérée, soutenoient le trône et contenoient l'opposition, suppléant ainsi à l'absence du pouvoir ministériel. Il y avoit dans cette situation une si grande force de raison en faveur de leur nomination, qu'elle se fit sentir dans tous les partis, et, au moment même de leur plus grande exaspération, les domina assez pour les faire concourir unanimement à la provoquer. L'opposition s'apaisa en attendant la nomination du ministère de M. de Villèle. Il eut dès ses premiers pas l'immense avantage de se trouver investi de toute la force d'une majorité fortement constituée et éprouvée dans sa situation parlementaire. S'il avoit encore eu à s'occuper du système électoral, cette position assurée l'auroit mis à même de le discuter avec calme, et de le combiner d'une manière moins défectueuse qu'il n'a pu l'être par un ministère expirant; mais, l'ayant trouvé organisé, il a sagement fait de ne pas le remettre en discussion. Les conditions d'âge y sont trop élevées, et la petite propriété n'y est pas spécialement représentée ; mais ces inconvéniens sont moindres que celui de toucher encore à une loi fondamentale qui doit être sacrée.

En provoquant l'irritation de toutes les passions politiques, et en comprimant arbitrairement la presse par la censure , l'ancien ministère avoit rendu dangereux de l'affranchir tout à coup de toutes ses entraves, et nécessité la législation transitoire à laquelle elle a été soumise en 1822. Il avoit aussi préparé le budget pour cet exercice. Le premier acte de haute administration qui soit réellement émané de la nouvelle puissance ministérielle , et qui lui appartienne tout entier, a été la convocation des colléges et des Chambres de 1823. Cette mesure l'a mis à même de se passer, dès la première année, de ces crédits provisoires que les ministres venoient solliciter à l'ouverture de chaque session, et qui rendoient illusoires la discussion et le vote du budget. Il lui a servi, en même temps , à éprouver sa position politique, et à mieux s'assurer de sa nationalité. Cette épreuve lui a été généralement favorable dans les départemens ; à Paris, où l'opposition s'est brusquement ralliée à la nombreuse clientèle du ministère tombé, cette alliance lui a si promptement fait perdre de sa virilité, que les élections n'y ont pas augmenté les rangs de l'extrême gauche d'un seul homme décidément hostile. Les mœurs constitutionnelles y sont d'ailleurs plus avancées que dans les départemens : là, elles sont puissamment modifiées par celles de l'ancien régime, qui, n'y ayant pas été exposées aussi directement au contact des nouvelles doctrines, s'y sont mieux conservées. Pendant long-temps encore les élections y seront plus monarchiques que dans la capitale. Les députés des départemens cesseront de siéger à l'extrême gauche aussitôt que les partis qui regrettent les différentes époques de la révolution seront apaisés par un gouvernement régulier. Les riches banquiers de Paris désireront toujours une république représentative où leur situation sociale seroit la première ; ils seront de l'extrême opposition tant qu'ils n'appartiendront pas à la pairie. Cette

différence entre l'esprit public des départemens et celui de Paris, n'ayant pas été sentie
par le ministère de 1816, a contribué à le trom-
per sur la véritable situation politique de la
France, et la lui a fait croire beaucoup plus
démocratique qu'elle ne l'est. Les ministres
sont tombés d'autant plus facilement dans cette
erreur, que, pour la plupart, élèves du gouvernement impérial, et habitués à voir toutes
les influences politiques concentrées à Paris,
ils ne connoissoient pas les départemens, et ne
pouvoient pas apprécier l'importance que la
Charte leur a donnée.

Le précédent ministère a prouvé qu'aucunes
combinaisons électorales, aucuns moyens ad-
ministratifs ne peuvent donner au gouvernement la majorité dans les Chambres lorsqu'il
ne l'a pas dans la nation. Les élections lui ont
été contraires en 1816, et elles le lui ont été
également sous l'empire de la loi du 5 février
et sous celui de la loi du mois de juin 1822.
Sans doute, il y a encore aujourd'hui dans les
colléges électoraux des élémens favorables au

gouvernement, comme il y en a d'hostiles, qui, les uns et les autres, sont de circonstance ; dans les dernières élections ils se sont balancés, et le résultat général a été la manifestation de l'opinion publique. Il le sera toujours dans un pays constitué sur la base de l'égalité des droits, où les citoyens sont tous vulnérables de la même manière, et ressentent également les effets d'une bonne ou d'une mauvaise administration. C'est donc à tort qu'on a accusé le nouveau système électoral d'avoir faussé la représentation nationale.

Ce n'est pas avec plus de raison qu'on a reproché aux ministres d'avoir exigé que les fonctionnaires publics s'abstinssent de voter, ou votassent pour les candidats ministériels ; ils n'ont fait qu'user d'un droit constitutionnel. Les fonctionnaires publics sont leurs agens et leurs moyens d'action ; le droit qu'ils ont de les destituer s'ils ne les secondent pas ou s'ils agissent en sens inverse de leurs instructions, ne peut être limité que par les résultats fàcheux de cette mesure : le désordre administratif et les irritations qu'elle cause, entraînent ordinairement des inconvéniens qui ne sont pas compensés par les avantages que le gouvernement en retire.

Les feintes alarmes de l'opposition sur le danger que court l'autorité royale d'être entraînée hors de la Charte par les royalistes exaltés qui forment en grande partie la majorité ministérielle, ne sont pas mieux fondées. La contre-révolution a été faite en 1814, autant qu'elle peut être faite par la force des hommes : les royalistes n'ont rien à espérer au-delà de ce qui leur a été assuré par la Charte. M. de La Bourdonnaye et ses amis parviendroient au ministère, qu'ils se trouveroient invinciblement arrêtés au point où la contre-révolution l'a été lorsqu'elle étoit victorieuse et soutenue par toutes les armées de l'Europe. Ils gouverneroient sur le même terrain où M. de Villèle s'est si habilement placé dès le commencement de sa carrière politique, et où il a enfin ramené le pouvoir; que le gouvernement y demeure inébranlable, et en peu d'années il ralliera tous les partis, en les convaincant que les destinées de la France sont irrévocablement fixées, et que l'ancien régime, la république et l'empire sont aussi éloignés de nous, que les événemens passés il y a mille ans.

Que l'initiative royale ne soit jamais dans les mains du ministère un moyen de refuser les lois constitutives qui sont encore nécessaires à l'ensemble du système représentatif; mais qu'elle soit seulement une forme qui, à mesure que l'opinion les réclamera, le mettra à même de les modifier dans l'intérêt du trône.

Qu'il organise ainsi successivement, les autorités départementales et municipales, sans se dessaisir du droit monarchique d'en nommer les principaux fonctionnaires; qu'il leur abandonne l'administration de leurs intérêts spéciaux, et conserve seulement la surveillance de ceux qui rentrent directement dans les intérêts généraux, il arrêtera les funestes effets du système de centralisation qui, en attirant sur un seul point toute la séve de l'Etat, en énerve les parties, et substitue à sa force réelle une force artificielle facile à paralyser.

Qu'il organise la spécialité des budgets des ministres sur une base assez large pour que, sans faire passer l'administration dans les Chambres, elle les astreigne à régler leurs dépenses d'après le vote de la représentation nationale; enfin, la liberté de la presse sur les principes du droit commun, en l'affranchissant de cette législation exceptionnelle, qui fut presque un bienfait, en succédant immédiatement à la censure, mais dont la nature est incompatible avec l'ordre représentatif, et y seroit à la longue un principe de désorganisation.

Au moment où j'écris, le renouvellement d'un cinquième dans la Chambre des Députés vient de constater les progrès du ministère : ils sont si remarquables, qu'il doit être étonné lui-même de la facilité avec laquelle les hommes viennent à lui, et se raffermir encore dans les principes monarchiques et constitutionnels qui seuls le maintiendront en position de rallier toutes les passions politiques, et de les faire tourner au profit de l'Etat.

De 1816 à 1822 il y eut en France des ministres, selon le bon plaisir du monarque. Ils s'efforcèrent vainement de se naturaliser dans la monarchie représentative, au milieu de laquelle leur présence et l'absence d'un véritable ministère furent une double cause de désordre. La création du ministère de 1822 a replacé l'Etat sur ses véritables bases; mais sept années ont été perdues pour le développement de nos institutions et les progrès des mœurs constitutionnelles. Nous devons nous estimer heureux d'être échappés à de plus grands maux. Aujourd'hui, comme en 1815, les conditions indispensables de la Charte, à l'aide desquelles elle doit conquérir tous ses complémens, sont, le Roi, une représentation nationale, l'égalité des droits et la liberté de la presse; tant que le ministère s'en montrera conservateur, il sera constitutionnel. Les hommes qui le dirigent sont-ils dévoués au Roi? ne peut-on leur supposer aucune arrière-pensée, leur trouver aucun antécédent qui les fasse soupçonner de ne pas mettre en première ligne la conservation du trône dans la famille et dans l'ordre légitime? La fermeté de principes, l'espèce d'autorité avec lesquelles ils sont parvenus à la tête des affaires doivent-elles nous en convaincre? Se sont-ils, jusqu'à présent, montrés favorables à la représentation nationale, à l'égalité des droits, à la liberté de la presse? Je crois avoir répondu victorieusement en leur faveur à ces différentes questions, en examinant leur origine ministérielle et leurs différens actes.

Que reste-t-il à faire au ministère? Il doit, par une administration douce, régulière et pacifique, laisser à l'Etat le temps de se parfaitement rasseoir après une si longue tourmente ; conserver la majorité, en accordant toutes les lois constitutives qui nous manquent encore, lorsque les Chambres les réclameront ; alors seulement, elles seront devenues une nécessité de notre situation politique ; des concessions spontanées rappelleroient le pou-

voir absolu , et ne seroient jamais aussi nationales. Avant peu d'années , l'organisation des
autorités départementales et municipales sera
inévitablement demandée par une opposition
détachée de la majorité , et composée en grande
partie des riches propriétaires aristocratiques
des départemens , qui seront les premiers à en
sentir le besoin , ainsi que celui des autres
libertés constitutionnelles que la France n'a
pas encore obtenues. Que si les royalistes ,
récemment exaspérés , ne pouvoient reconnoître leur véritable situation politique qu'a-
près avoir éprouvé, par plusieurs ministères
successifs , l'impossibilité où ils sont de dépasser en faveur de la contre-révolution les limites
de la Charte , il faudroit les laisser épuiser leur
fougue : les ministres qui se seroient constamment montrés royalistes et constitutionnels seroient assurés d'être ressaisis par le
mouvement de l'ordre représentatif, et repor-
tés en peu d'années au ministère. Que le pouvoir renonce à jamais aux coups d'Etat et à
tout ce qui y ressemble. Les difficultés qui

l'ont arrêté jusqu'à présent disparoîtront rapidement, et il n'aura plus qu'à se laisser porter par la force de l'institution politique, dans une carrière qui deviendra chaque jour plus facile.

La monarchie représentative a eu, presque dès sa naissance, assez de racines en France pour se défendre par ses forces naturelles : un ministère, quel qu'il fût, qui entreprendroit de la détruire, et de rétablir franchement le pouvoir absolu, perdroit à l'instant la majorité dans les Chambres et dans les colléges tels qu'ils sont aujourd'hui. L'opinion publique se soulèveroit contre lui avec une si grande énergie, que tout le poids de l'autorité royale ne suffiroit pas à le maintenir à la tête de l'administration.

CHAPITRE V.

Du Ministère dans ses rapports avec les Tribunaux.

LES tribunaux ne sont pas dépendans du ministère, mais ils sont sous sa haute surveillance, et il est responsable envers l'opinion publique de leur tendance anti - constitutionnelle : toutes les fois qu'il est soupçonné de la favoriser, il en est d'autant plus responsable que les magistrats, étant aujourd'hui salariés, ont nécessairement perdu de leur indépendance depuis que la faveur du gouvernement peut être utile à leur fortune. Sous l'ancien régime, les fonctions judiciaires n'étoient pas rétribuées; on avoit voulu que le magistrat fût riche avant tout, parce qu'on avoit pensé que le bon sens du commun des hommes peut suppléer à la science dans l'administration de la justice ; mais que rien ne peut suppléer le manque d'indépendance. L'organisation de la magistrature, sa fortune, une suite de grands magistrats, l'avoient élevée à une très-haute position sociale, lorsque la révolution est venue la détruire. Ce souvenir a laissé des regrets dans les anciennes familles de robe, et elles les ont portés dans la nouvelle magistrature. Aucune classe de la société ne s'est soustraite plus obstinément aux doctrines constitution- nelles, et n'a mieux conservé les traditions et les affections de l'ancien régime. C'est à la sagesse de l'administration à faire sentir aux magistrats que, dans aucun cas, l'exaltation politique des organes de l'impartiale justice ne peut être utile à l'autorité royale, ni mériter sa faveur ; à combattre cette tendance, que la conduite des tribunaux semble manifester à faire une ordonnance du 5 septembre en sens inverse de celle du précédent ministère, et à vouloir que la monarchie représentative, qui ne repousse personne, soit constituée en reje- tant hors de l'Etat les hommes et les débris de tous les gouvernemens révolutionnaires.

Bien que les différentes conspirations qui ont récemment éclaté en France puissent être justement imputées à la fausse politique et à l'administration désorganisatrice des hommes qui ont gouverné la France jusqu'en 1822, leurs auteurs n'en ont pas moins mérité l'animadversion des lois, et ils ont, en général, été justement condamnés; mais pourquoi, durant leurs procès, les tribunaux ont-ils retenti de tous ces discours de mort, horriblement ornés de toutes les fleurs de la rhétorique? Est-il rien de plus barbare que ce luxe d'éloquence, que cette poésie de Cours criminelles substituée à l'austère langage de la justice? Pourquoi ces récriminations passionnées. par lesquelles on sembloit vouloir envelopper toute l'opposition dans une criminalité générale? Pourquoi un ancien officier (1), rentré dans les rangs de simple citoyen, a-t-il été,

____

(1) L'affaire du colonel Caron est aujourd'hui aussi parfaitement connue que si elle avoit été discutée devant une Cour d'assises. A qui donc a profité l'iniquité

en pleine paix, accusé du crime d'embauchage, soustrait à ses juges naturels, et livré à une commission militaire? De semblables scènes enlèvent plus de popularité aux ministres, que le budget d'un milliard qu'ils demandent à la fin de l'année. Certes, ils seroient réduits bien bas, s'ils avoient réellement besoin d'user d'aussi indignes moyens ! enfin, à quoi aboutira l'excessive sévérité, avec laquelle les tribunaux appliquent aux écrivains libéraux la législation exceptionnelle sur la liberté de la presse, si ce n'est à l'user plus promptement dans l'opinion, et à rendre irrésistible la nécessité constitutionnelle de faire rentrer la presse dans le droit commun? L'ordre représentatif, du moment qu'il existe, est trop plein de vie pour ne pas rejeter de lui-même tout ce qui est contraire à sa nature. Cinq années ne seront pas écoulées, que le pouvoir discrétionnaire, dont la loi du

---

qui a été commise envers lui, si ce n'est aux ennemis du gouvernement, auxquels elle a donné un juste sujet de récrimination?

25 mars a investi les tribunaux, réagira contre le ministère : le souvenir de l'existence des parlemens, comme corps politiques, vit dans la nouvelle magistrature, et elle ne laissera pas tomber le moyen qui lui a été donné d'entrer dans le gouvernement, en s'emparant de la direction des journaux et de la presse.

La monarchie représentative attire tous les partis, les gouverne, et même les utilise tous : le ministère ne doit jamais les comprimer par des moyens violens et arbitraires qui en augmentent le ressort, et les font tôt ou tard réagir contre elle. L'opposition, telle qu'elle a existé jusqu'à présent, est finie; son but étoit d'empêcher le gouvernement monarchique de s'asseoir; aujourd'hui il a pris une assiette inébranlable : la question a été changée pour elle, et les antécédens de ses organes actuels ne leur laissent pas la possibilité d'accepter ce changement, et de reformer l'opposition constitutionnelle. Elle se détachera avec le temps de la majorité même de la Chambre, pour maintenir les libertés que nous avons déjà obtenues, et conquérir celles qui nous manquent encore. L'extrême gauche s'éteindra naturellement par le renouvellement des cinquièmes, ou se fondra dans cette nouvelle opposition. Si, au contraire, elle étoit violemment extirpée des Chambres, si elle étoit, en quelque manière, mise hors la loi, les partis qu'elle représente résisteroient à l'oppression, et causeroient peut-être encore de longs désordres dans l'Etat.

Tant que l'opposition actuelle conservera quelque consistance dans la Chambre des Députés, l'opposition constitutionnelle devra rester confondue avec la majorité ; son action deviendra nécessaire seulement lorsque les rangs de l'extrême gauche seront réduits à un très-petit nombre de membres ; jusqu'à ce moment leurs déclamations hostiles contiennent assez l'administration pour lui donner tout le ressort dont elle a besoin, et tous les royalistes doivent également lui prêter leur appui.

CHAPITRE VI.

Du Ministère dans ses rapports avec l'Université.

JE ne crois pas qu'il puisse, en général, y avoir une organisation de l'instruction publique plus favorable à tous les genres de despotisme que celle de l'Université de France; elle est, sous ce rapport, vraiment digne de son origine impériale. C'est le monopole le plus absolu qui ait jamais existé; il s'étend jusqu'aux écoles primaires, et il y a peu d'années que les pères de famille n'auroient pas pu trouver, dans toute l'étendue de la France, les moyens de faire donner à leurs enfans, hors de la maison paternelle, une éducation qui n'auroit pas été conforme à celle de l'Université. Il vaut sans doute beaucoup mieux que ce monopole soit entre les mains des ministres du culte le plus généralement suivi en

France, dont les principes évangéliques sont reconnus comme les plus favorables à la morale et à la sociabilité, que d'être confié à des séculiers dont les principes sont sujets à toutes les variations du siècle, et surtout à celles que le gouvernement juge convenable de leur imposer : les parens savent au moins alors à quoi ils s'engagent en envoyant leurs enfans dans les écoles publiques, et ils ne sont pas exposés à voir changer à chaque moment les bases de l'éducation qu'ils désirent leur faire donner. Il reste au gouvernement à veiller à ce qu'il y ait, dans les différentes localités, des professeurs et des écoles en assez grand nombre pour les autres cultes.

Dans les situations politiques ordinaires, il est également avantageux à l'Etat que le clergé soit chargé de l'éducation de la jeunesse. L'institution politique devant avoir ses racines dans la religion, les principes de cette religion sont naturellement les plus propres à former des sujets et des citoyens.

Dans la situation particulière de la France,

cette règle est susceptible de discussion. La
religion catholique, envahissante de sa nature,
a toujours eu, plus que toutes les autres, une
extrême influence sur la constitution politique
des peuples qui l'ont professée : elle avoit
créé l'ancien système politique et religieux de
l'Europe, et, bien que la révolution française
en ait définitivement rompu l'ensemble, tant
que quelques racines en survivront, elle espé-
rera voir renaître cet arbre immense dont
les nombreux rameaux ont si long-temps en--
lacé toutes les classes de la société. De tout
temps elle a fait naître dans les peuples catholiques des résistances presque invincibles
à toutes les institutions favorables à la liberté.
Dans le moyen âge, après une lutte obstinée
et des efforts héroïques de la part des patriotes
italiens, elle a fini par faire rentrer les républiques d'Italie dans l'ordre monarchique et
absolu que dès lors elle a maintenu en Europe, jusqu'à ce que la réforme, élevant
autel contre autel, soit venue en rompre l'u-
nité, et y substituer graduellement un autre

ordre politique fondé sur des principes opposés, et absolument neuf dans l'histoire des
peuples.

Henri VIII, par son abjuration et sa séparaa-
tion de l'Eglise catholique, jeta en Angleterre
les premiers germes de cet ordre représentatif favorable à la liberté, que la révolution
française a étendu, et qui, aujourd'hui, pro-
pagé dans une grande partie de l'Europe,
est inévitablement destiné à en envahir le
reste. Si Henri IV fût monté sur le trône aussi
noblement qu'il avoit combattu pour le conquérir, et que, par son abjuration en faveur
de la religion catholique, et sa séparation de
l'Eglise réformée, il n'eût pas livré les com-
pagnons de ses victoires échappés aux mas-
sacres de la Saint-Barthélemi à toute l'intolérance du catholicisme, il auroit également hâté
en France la naissance et le développement
de ce nouvel ordre politique, et eût prévenu
de grands crimes et d'horribles déchiremens.
Si Napoléon, devenu premier consul au moment où la révolution avoit accompli son œuvre

4

de destruction de toutes les institutions, y compris le clergé catholique, au lieu de tourner à la monarchie absolue, eût parcouru tout entière la route que cette révolution lui avoit ouverte, il est difficile de calculer à quel haut degré de puissance et de gloire il pouvoit parvenir en se déclarant chef de l'Eglise de France et en constitutionnalisant l'Europe.

D'autres circonstances, des considérations d'un tout autre ordre se rattachent aujourd'hui à la situation des Bourbons. Illustre débris de l'ancienne monarchie, jusqu'à quel point leur destinée est-elle liée à celle de cette religion dans laquelle elle avoit ses plus profondes racines, et peut-être les seules qui vivent encore? et, d'un autre côté, jusqu'à quel point les doctrines et les dogmes de cette religion sont-ils compatibles avec la monarchie libérale et constitutionnelle dont Louis XVIII est le glorieux fondateur? Ces questions sont dignes des méditations de la plus haute politique ; je ne prétends point ici les résoudre : je veux seulement présenter quelques considérations qui me paroissent propres à en amener la solution.

Si, lors de la restauration des Anglais, les institutions libérales qu'ils avoient conquises n'avoient pas été fortement cimentées par la réforme anglicane, et que la religion catholique fût remontée, et se fût maintenue sur le trône avec les Stuarts, elle auroit certainement fini par faire rentrer l'Angleterre dans l'ancien système politique et religieux de l'Europe, que cette nation avoit abandonné la première, et qui étoit encore en position de développer une force immense pour la ressaisir.

Le sentiment des dangers que le catholicisme a fait courir à la liberté anglaise, est si profondément gravé dans le cœur de tout Anglais, qu'aujourd'hui encore que l'Angleterre libre et l'Eglise anglicane étroitement unies sont parvenues au plus haut degré de puissance et de gloire, l'émancipation des catholiques d'Irlande éprouve d'invincibles obstacles. Ce danger est beaucoup moins réel en France, où la Charte est un bienfait du souverain légitime ; bienfait que sa famille sera toujours intéressée à conserver. Notre révolution a été plus complète : elle n'a pas laissé debout une aristocratie aussi puissante, autant de débris d'anciennes institutions propres à reconstituer cet ordre politique auquel le catholicisme tend sans cesse. La liberté a fait d'immenses progrès ; tous les peuples constitués libéralement ont contracté une commune solidarité ; les monarchies catholiques et absolues sont aujourd'hui impuissantes contre elle : si la religion réformée a, dans le principe, été la base sur laquelle les nouvelles constitutions se sont élevées, ces constitutions se sont tellement étendues, et sont devenues si puissantes, qu'elles agiront à leur tour sur la religion catholique par les mœurs qu'elles propageront chaque jour davantage, et la ramèneront insensiblement aux pures doctrines évangéliques.

Que le ministère ne combatte jamais l'intolérance et l'esprit de prosélytisme du clergé que par sa fidélité scrupuleuse à conserver les doctrines du gouvernement représentatif : qu'il s'en remette au progrès des mœurs constitutionnelles du soin de tempérer les résultats de l'éducation catholique, et la France verra s'élever une classe de jeunes citoyens également éloignés des deux extrêmes du fanatisme et de l'indifférence religieuse. Que s'ils ne pouvoient échapper à la fois à l'un et à l'autre, il vaudroit encore mieux qu'ils fussent exposés, par trop d'exaltation religieuse, à porter dans la société quelques élémens de trouble et d'agitation, que de la frapper de mort par l'absence de toute religion.

Il faut que l'instruction publique ait de la fixité et de l'indépendance, parce que dans aucune branche de l'administration les fausses directions que l'autorité peut prendre ne produisent si promptement des fruits aussi amers. En 1816 l'Université reçut du ministère une direction anti-monarchique ; et, en 1820, ce même ministère faisoit sabrer la jeunesse dans les rues de Paris, parce qu'elle manifestoit des sentimens conformes aux principes qu'il lui avoit fait donner. Les troubles dont l'Ecole de médecine a récemment été le théâtre sont encore un héritage de cette monstrueuse époque. La nomination de l'évêque d'Hermopolis à la place de grand-maître de l'Université corrigera en même temps le vice de son organisation impériale, et celui que les fausses doctrines du précédent ministère y ont développé. Lorsqu'elle sera soumise à la direction du clergé, sous la haute surveillance du gouvernement, le despotisme, qui est toujours le résultat de la concentralisation de pouvoirs, s'y fera moins sentir, et la jeunesse y recevra une éducation à la fois conforme aux grands principes de la monarchie constitutionnelle et à ceux de la religion catholique.

CHAPITRE VII.

Du Ministère dans ses rapports avec la révolution d'Espagne.

La révolution d'Espagne est un événement immense, et dont les résultats auront peut-être autant d'influence sur le monde civilisé que ceux de la révolution française. Je n'ai à m'en occuper ici que dans ses points de contact avec l'ordre constitutionnel en général, et spécialement avec la monarchie représentative qui régit la France. Il est fort malheureux que le ministère actuel n'ait pas eu à poser les premières bases sur lesquelles il convenoit au gouvernement d'établir ses relations politiques avec le Roi constitutionnel et les Cortès d'Espagne ; et c'est pour lui une destinée cruelle que d'avoir à chaque pas à redresser les aberrations, dont souvent les résultats sont irréparables, d'un ministère qui, pendant sept années, s'est débattu dans un cercle tellement vicieux, qu'il a constamment saisi en sens inverse de la vérité toutes les circonstances de politique intérieure ou extérieure sur lesquelles il a eu à agir : se montrant libéral et anti-monarchique toutes les fois qu'il étoit spécialement appelé à conserver les intérêts du trône et ceux des débris de l'ancien régime ; et contre-révolutionnaire, lorsque la conservation des principes de la révolution et le maintien de l'ordre de choses qu'elle a accompli réclamoient son appui. Jamais cet esprit d'aveuglement et d'ignorance totale de la véritable situation politique de la France n'a été plus frappant qu'à l'occasion de la révolution d'Espagne. Ce n'étoit pas dans les alarmes causées par les souvenirs de l'anarchie au milieu de laquelle cette France a opéré sa propre régénération ; ce n'étoit pas non plus dans les vieilles traditions du despotisme, qui y ont survécu, que le ministère d'un Roi constitutionnel devoit chercher les véritables principes de la conduite qu'il avoit à suivre envers l'Espagne lorsqu'elle éprouvoit à son tour une crise révolutionnaire. Il ne pouvoit les trouver que dans la nature même de la monarchie représentative et dans les maximes de son gouvernement. La France ne conserve aucune solidarité spéciale avec cet ancien régime, sur les débris duquel les Cortès d'Espagne aspirent à élever leur nouvel édifice social; elle est constituée aujourd'hui sur des principes absolument opposés, et n'a plus aucun intérêt à le soutenir : elle conserve seulement, avec l'Espagne et le reste de l'Europe, cette solidarité générale qu'ont entre elles toutes les sociétés civilisées contre les progrès de l'anarchie, et qu'ont aussi les monarchies pour contenir dans de justes bornes les progrès de la démocratie. Il est facile de faire l'application de ces principes à la conduite du gouvernement français vis-à-vis des Cortès.

Aussitôt que la révolution eut éclaté et que ses principes constitutifs eurent été reconnus par Ferdinand VII, avant qu'elle fût exaspérée par des résistances qui, seules peut-être, l'ont rendue ingouvernable, la tâche du ministère

eût été de la patroniser ; d'entrer dans la confiance du peuple et du gouvernement espagnol
par la conformité des doctrines fondamentales
des deux Etats ; d'amener ainsi les Cortès à
rentrer dans l'ordre monarchique, en tempé-
rant la rigidité républicaine de leur constitution
par la flexibilité de leurs maximes de gouvernement ; et enfin, lorsque les temps d'effervescence eussent été passés, de les engager à
la modifier dans l'intérêt du trône. On dira que
la cour d'Espagne s'efforça vainement en 93
d'intervenir de la même manière dans la révolution française, et de sauver Louis XVI ; mais
la France, par sa position topographique, étoit
de tous côtés en contact avec l'ancien système
politique et religieux à l'empire duquel elle
venoit de se soustraire, et dont l'Espagne faisoit encore partie ; elle se débattoit violemment
contre toutes les autres puissances de l'Europe ;
l'ordre représentatif étoit mal connu ; ses doctrines, repoussées par tous les rois, se forti-
fièrent des traditions et des passions des républiques antiques ; et le peuple français, pour

n'avoir pas pu se constituer librement dans l'ordre tempéré de la monarchie représentative, apparut pendant quelques instans comme un peuple de géants, au milieu des ruines immenses sur les débris desquelles il avoit reconquis son indépendance.

La situation de l'Espagne est bien différente; n'ayant de contact qu'avec la France constitutionnelle, isolée du reste de l'Europe, elle peut se placer naturellement et sans efforts dans cet ordre politique, qui est la création des peuples modernes et le but où ils tendent tous ; ordre qui est aujourd'hui parfaitement connu et établi en Europe sur une large base.

Jusqu'à quel point le précédent ministère a-t-il contribué à dénaturer une situation si favorable, et à jeter l'Espagne dans toutes les horreurs de la guerre civile, en prenant une attitude hostile contre sa révolution, avant même qu'elle fût dégénérée en anarchie sanglante ? Comment a-t-il depuis maintenu cette anarchie, en fomentant les passions contraires à l'ordre constitutionnel ? Le gouvernement

français s'est montré favorable à la régence
d'Urgel; l'armée d'observation est encore sur
les Pyrénées : les faits parlent, la tribune et
les feuilles espagnoles en retentissent; le reste
est encore un secret diplomatique dont le congrès de Vérone n'a pas entièrement levé le
voile : au point où en sont les événemens, que
reste-t-il à faire au ministère? il doit attendre
l'indication des choses, surveiller les différentes combinaisons qu'elles produiront, et
prêter son appui aux progrès de celles qu'il
jugera propres à tempérer, et à rapprocher
les opinions politiques qui divisent l'Espagne,
pour les fondre toutes dans les principes de la
monarchie constitutionnelle. La France repousse l'alliance des patriotes de Madrid,
parce que sa révolution est faite; elle repousse
l'alliance de la régence de la Seo d'Urgel,
parce qu'elle n'est plus sous l'empire de la
monarchie absolue. Son institution politique
actuelle répugne également au despotisme et
à la démocratie pure. Mais si du choc des
partis qui divisent l'Espagne il naissoit une

anarchie tellement désastreuse, que l'existence même de l'Etat fût compromise dans la personne du monarque, il seroit impossible qu'il ne s'y formât pas un parti national qui chercheroit de tous ses moyens un refuge dans la monarchie représentative. Alors l'Espagne seroit arrivée à l'époque de sa restauration; l'art du gouvernement français seroit d'en bien suivre la naissance et les progrès, pour saisir le moment de hâter un si grand événement.

Peut-être le secours d'une force étrangère et même d'une armée d'invasion seroit nécessaire; mais il est bien plus à présumer qu'il s'accompliroit nationalement. Le caractère de toutes les révolutions en faveur de la liberté est de commencer par dépasser le but, et de n'y être ramenées que par l'excès du despotisme ou de l'anarchie. L'Angleterre et la France ne sont entrées dans la monarchie constitutionnelle qu'après avoir subi ces destinées. Quoique la révolution française se soit débordée avec plus de fureur, elle est à

la fin venue se placer dans le nouveau système
politique de l'Europe sur une ligne plus éloi-
gnée de la démocratie pure que celle où l'Angleterre s'est arrêtée, et, à moins de circonstances bien prodigieuses, l'Espagne sera rame-
née par des crises à peu près semblables sur
une ligne moins près de cette démocratie que
celle où la France s'est fixée. Les révolutions
en faveur de la liberté exigeroient à la fois une
énergie et une sagesse qui se trouvent trop
rarement réunies, pour que de nos jours aucun peuple de l'Europe puisse se donner définitivement une constitution plus libérale que
celle de l'Angleterre. Les Anglais marchent à
la tête de la nouvelle civilisation ; et, quoique
leur gouvernement se soit souvent écarté de
ses principes, il est à présumer qu'ils conser-
veront long-temps cette suprématie.

Les révolutions sont comme les maladies :
on peut quelquefois les comprimer dans leur
origine, en courant les dangers de les rejeter
dans l'organisation intérieure et d'y causer de
grands ravages ; mais lorsqu'elles ont éclaté,

il faut qu'elles aient leur cours. Les remèdes violens ne peuvent plus qu'en augmenter l'intensité. Si la France eût envoyé une armée au secours de Ferdinand VII, au moment de l'insurrection de l'île de Léon, la révolution auroit probablement été comprimée. Aujourd'hui les partis ne deviendront gouvernables en Espagne, et une restauration n'y sera possible que lorsqu'ils auront subi les accès de la fièvre révolutionnaire. Si on y envoyoit une armée d'invasion, elle n'y pourroit entrer que comme auxiliaire des débris de la régence d'Urgel. Quels que fussent d'abord ses succès, elle y porteroit les passions politiques au dernier degré d'exaltation ; elle y feroit répandre des torrens de sang, et le moment viendroit inévitablement, où elle seroit repoussée avec une égale fureur et par les patriotes qu'elle auroit été destinée à comprimer, et par les royalistes en faveur desquels elle ne pourroit pas rétablir le pouvoir absolu sans engager la France dans une guerre interminable, et sans trahir les intérêts constitutifs de son gouvernement. Cependant, au congrès de Vérone, le gouvernement français paroît avoir laissé prendre à l'Angleterre l'initiative pour le maintien de la paix, et même avoir insisté pour la guerre. Cette conduite ne peut être considérée que comme une insinuation diplomatique nécessitée par les antécédens des hommes qui dirigent le ministère, confondus pendant plusieurs années dans une espèce de proscription avec les royalistes exaltés qui regardent la guerre avec l'Espagne comme une guerre sacrée en faveur de la légitimité ; ils sentent le besoin de les ramener à des idées plus sages, en leur faisant journellement apprécier les bienfaits du gouvernement constitutionnel, et celui de ne pas heurter, dans les premiers momens du retour de l'ordre, leur opinion récemment exaspérée. Je ne croirai jamais que des hommes d'Etat aient pensé sérieusement à jeter la France dans une guerre de principes avec l'Espagne. Comment n'auroient-ils pas senti que si l'Angleterre a pu tolérer l'occupation de l'Italie dans l'intérêt de l'Autriche et du pouvoir absolu, ce seroit la forcer dans ses derniers retranchemens, que de faire une invasion dans la Péninsule (1), et la mettre dans l'indispensable nécessité, ou de laisser compromettre sa constitution, son existence politique, ses intérêts commerciaux, ou de soutenir une guerre dont les résultats inévitables seroient non seulement le triomphe de la révolution d'Espagne, mais l'affranchissement de Naples, du Piémont, et l'établissement du système représentatif dans toute l'Italie? Le succès seroit d'autant plus assuré à l'Angleterre, que la France perdroit une grande partie de sa force morale en combattant contre les principes de sa propre institu-

____

(1) Je n'ai pas besoin de dire que l'intervention armée, dans les affaires intérieures de l'Espagne, suppose toujours la même intervention en Portugal. Il est évident que si la constitution democratique des Cortès compromet la restauration de France, la même constitution, tant qu'elle existeroit à Lisbonne, compromettroit à plus forte raison toute restauration qui pourroit être faite en Espagne.

tion. Cette institution y est encore si récemment établie, et après tant de bouleversemens et une si longue absence de tout véritable système politique, qu'elle n'a pas eu le temps de donner à l'Etat assez d'homogénéité pour qu'il puisse résister à un choc violent, de quelque part qu'il vienne. Dans dix années, un semblable choc ajouteroit à la puissance de la monarchie en en resserrant le lien politique et tous les liens sociaux : aujourd'hui il les romproit. La guerre ne se seroit pas prolongée une année, même en supposant des succès militaires, que le crédit et les intérêts commerciaux de la France seroient gravement compromis ; toutes les espérances déçues se réveilleroient ; tous les partis seroient debout ; des causes de nouvelles agitations naîtroient et se développeroient sur tous les points. D'autre part, il n'y auroit pas un Espagnol qui n'eût un poignard ou un mousquet au service des Cortès. Ce seroit le moyen le plus propre à les consolider d'une manière inébranlable, à précipiter la vieillesse des monarchies, et à avancer l'époque des républiques. Ces résultats sont si infaillibles, que le gouvernement français devra remercier le Ciel si leur perspective n'engage pas l'Espagne à lui déclarer la guerre. Dans ce dernier cas, il n'auroit rien de mieux à faire que de se renfermer dans une rigoureuse défensive, et de se garder de passer les Pyrénées, au-delà desquelles il trouveroit un sol qui dévoreroit ses soldats, ses richesses, et une foule d'élémens politiques dont le sage emploi peut assurer à jamais sa prospérité.

Les plus mortels ennemis de la légitimité ne pourroient lui donner un plus funeste conseil que celui d'attaquer l'Espagne; et si elle en prenoit spontanément le parti, ce seroit un exemple de plus de la fatalité qui, depuis le commencement de la révolution, a conduit les princes à se jeter dans tous les événemens propres à favoriser les progrès de ses doctrines. Il n'y a aujourd'hui en France aucuns principes d'agitation politique dans le peuple : il seroit bien déplorable qu'après tant d'expériences malheureuses le gouvernement lui-même voulût encore y en jeter de nouveaux en se faisant l'auxiliaire du pouvoir absolu. Il est impossible de prévoir toutes les chances funestes qu'une invasion en Espagne pourroit faire courir à la légitimité ; tandis que les plus brillantes victoires, l'occupation même de Madrid n'en amèneroient pas une qui lui fût favorable. Le gouvernement espagnol se retireroit dans son inexpugnable position de Cadix, et la guerre, portée au centre du royaume, n'en deviendroit que plus terrible. Que les partisans de la guerre ne se laissent pas séduire par le souvenir de la restauration française ; qu'ils ne se laissent pas séduire non plus par l'exemple plus récent de la facilité que les armées autrichiennes ont trouvée à rétablir le pouvoir absolu à Naples et en Piémont.

Lorsque la France a été restaurée, elle avoit depuis long-temps subi toutes ses crises révolutionnaires. Napoléon l'avoit fait rentrer dans l'ordre monarchique ; et, pendant un règne de douze années, il y avoit recréé les mœurs et les hiérarchies sociales les plus favorables au rétablissement des Bourbons. Son empire tomba, frappé au cœur par l'occupation de Paris : les départemens abandonnés à eux-mêmes ne firent aucune résistance, parce que le système de centralisation avoit rendu cet empire mortellement vulnérable sur un seul point. L'Etat, privé de mouvement par l'occupation de la capitale, et par l'abdication de celui qui s'en étoit fait le principal ressort, reçut facilement la direction que voulut lui imprimer un nouveau gouvernement. L'habitude prise par l'administration et par l'armée de recevoir aveuglément une direction unique, tourna à l'avantage du Roi. La restauration ainsi accomplie n'eut plus de résistances à vaincre.

La force de l'Espagne est dans l'indépendance administrative et militaire de chaque ville, de chaque village, de chaque guérilla ; dans son sol de tous côtés favorable à la guerre de partisans ; dans les habitudes belliqueuses que ses habitans ont contractées pendant la dernière invasion des Français, et surtout dans le caractère national dont l'énergie est encore augmentée par l'effervescence révolutionnaire. Le Piémont fut envahi par les Autrichiens avant que cette même effervescence eût eu le temps de s'y développer, et d'y organiser une force matérielle. Les Napolitains furent aussi très-brusquement attaqués avant que la révolution, faite d'une manière prématurée par quelques chefs militaires, eût été comprise par les peuples des Calabres et des Abruzzes qui seuls auroient pu lui donner une véritable énergie.

La France et les autres puissances feront d'autant plus sagement de ne pas déployer un grand appareil militaire pour comprimer violemment les idées libérales, que ce moyen, chaque fois qu'il a été tenté, a eu jusqu'à présent des résultats absolument contraires.

Lorsque les souverains se coalisèrent à Pilnitz contre la révolution française, ils ne croyoient pas que leurs efforts ne serviroient qu'à redoubler sa violence et à la faire se déborder sur l'Europe. Lorsque Napoléon, devenu despote, et désavouant les principes qui l'avoient élevé, fouloit cette même Europe à la tête de ses immenses armées, il ne croyoit pas que de si nombreuses invasions serviroient à y propager ces mêmes principes qui devoient bientôt réagir contre lui, et concourir à le renverser. Enfin, lorsque l'empereur de Russie et ses alliés repoussoient les armées de Napoléon jusque dans les murs de Paris, et rétablissoient Louis XVIII sur son trône, ils ne croyoient pas assurer le triomphe de la liberté, et la mettre sur la voie d'obtenir en peu d'années d'importantes concessions des princes d'Allemagne, de faire éclater des révolutions libérales en Espagne, en Portugal, en Italie, et de redevenir menaçante pour toutes les monarchies absolues de l'Europe.

Puissent ces grands exemples détourner les gouvernemens, et en particulier ceux qui sont constitués représentativement d'ensanglanter encore le monde pour arrêter le développement de ces nouvelles combinaisons sociales que les siècles ont préparées, et qu'aucune

puissance humaine ne peut empêcher, lorsqu'elles ont été mûries dans la pensée et dans
l'opinion des peuples, et qu'ils se sont ébranlés
pour les accomplir !

Que la révolution d'Espagne fasse son explosion sur son sol natal, elle ne sera jamais aussi
terrible que celle de la révolution française,
laquelle ne put éclater sans soulever la vieille
Europe qui la comprimoit de toutes parts. La
France n'a rien à en redouter : la monarchie
y a subi depuis long-temps la dégénération qui
s'opère en Espagne ; et elle y est aujourd'hui
tellement accomplie, que ce pays est, de tous
ceux de l'Europe, celui qui a naturellement le
moins à craindre de nouvelles commotions
politiques. Si elles y eussent été possibles, rien
n'a été oublié pour les provoquer pendant les
sept années que nous avons eues d'une administration détestable et vraiment anarchique.
Cependant l'Etat s'est maintenu inébranlable,
la raison nationale a combattu victorieusement
les effets désastreux de cette administration,
et a fini par la rejeter sans violentes secousses.

La révolution d'Espagne a prouvé d'une manière éclatante que là où le lien social est plus tendu en faveur du despotisme, il est aussi plus près d'être rompu par les doctrines libérales; et que, sous ce rapport, les vieilles monarchies sont seules dans la sphère des révolutions dont la France est irrévocablement sortie.

———

CHAPITRE VIII.

Conclusion.

J'ai voulu établir la véritable situation politique de la France , telle que la restauration l'a faite , parce qu'il m'a paru qu'encore aujourd'hui elle n'étoit pas parfaitement connue , et que beaucoup d'hommes pensans ne l'apprécioient pas avec justesse, soit qu'ils fussent aveuglés par leurs passions politiques , soient qu'ils l'aient été par les discours et les écrits des ennemis de la légitimité. La monarchie est à présent un fait en France ; il suffit , par conséquent, d'être ennemi du despotisme et de l'anarchie , pour désirer qu'elle soit régie d'après les principes et les maximes qui lui sont propres. C'est pourquoi j'ai cherché à faire connoître sa véritable nature , sans discuter les avantages des diverses combinaisons que le gouvernement a subies dans des temps qui ne sont plus, et sans condamner les regrets dont elles ont été l'objet. Cette institution politique est si près de la perfection que, comme le soleil, il suffit qu'elle existe pour que personne ne puisse long-temps méconnoître ses bienfaits.

Lorsqu'elle fut brisée par l'ordonnance du 5 septembre, les Chambres perdirent leur action légale, et ne furent plus qu'un champ de bataille. Tout ce que la contre-révolution avoit reconquis par la restauration, tout ce qui lui avoit été garanti par la Charte étant remis en question, elle se concentra dans le côté droit, tandis que l'extrême gauche devint le camp des républicains, des impériaux, et de tous les ennemis de la légitimité. On a combattu chaque jour avec un redoublement de fureur, pour savoir qui resteroit en possession de reconstituer l'Etat. La guerre a été finie en 1822, lorsque, rejetant par un accord unanime le ministère de 1816, la Chambre des Députés a fait rasseoir la monarchie sur les bases qui lui avoient été données par Louis XVIII.

De ce jour seulement, l'action journalière de l'ordre représentatif a commencé la fusion des partis, et peu d'années lui suffiront pour les confondre tous dans une majorité et dans une opposition l'une et l'autre également constitutionnelles : un fleuve majestueux entraîne et absorbe dans son cours tous les torrens qui se précipitent sur lui.

J'ai fait pressentir dans cet écrit que la tendance générale des monarchies représentatives étoit de dégénérer en républiques ; je me hâte d'ajouter que, loin d'appeler cette époque par nos vœux, nous devons chérir celle des monarchies, comme la plus brillante et la plus heureuse de la nouvelle civilisation. Le triomphe complet de la démocratie, en affoiblissant trop les gouvernemens, finira par diviser l'Europe en petits Etats fédérés, dont les rivalités développeront rapidement dans la grande famille politique des causes de désorganisation et d'anarchie.

CHAPITRE IX.

Du droit d'intervention armée.

PENDANT que cet ouvrage étoit sous presse les résultats du congrès de Vérone ont été en partie publiés, et la question de la guerre est aujourd'hui absolument changée. Il ne s'agit plus en France d'une intervention armée dans les affaires intérieures de l'Espagne, mais bien de préserver la monarchie française d'une semblable intervention de la part des Cortès. Le droit d'intervention armée reconnu au congrès a précisé la question pour la Péninsule comme pour la France ; et si cette dernière puissance, aussitôt que le champ de bataille lui a été ouvert, a reconnu le danger qu'il y auroit eu pour elle à y entrer, l'Espagne, dans une position absolument contraire, ne peut manquer de s'emparer de ce droit comme du moyen le plus propre à consolider sa révolution. La Sainte-Alliance abandónnera le gouvernement français dans la position critique où elle l'a laissé s'engager, parce que les principes de la Charte sont en définitive presque aussi dangereux pour elle que ceux de la constitution des Cortès. La guerre en éclatant entre la France et l'Espagne lui fera gagner du temps pour la durée des vieilles monarchies. Au point où en sont les choses, c'est tout ce qu'elle peut espérer.

Par ses démonstrations hostiles le gouvernement français a irrité les patriotes espagnols ; les royalistes qu'il a engagés et soutenus dans une lutte inégale par ces mêmes démonstrations le seront également par sa dernière détermination. Aussitôt que les Cortès auront achevé de disperser les chefs de la régence d'Urgel, et effectué un nouvel emprunt, elles saisiront sans doute une occasion si favorable de confondre toutes les haines nationales dans celle de l'étranger, et elles déclareront la guerre à la France. Par cette mesure elles ter-

mineront la guerre civile en ralliant tous les
guérillas qui jusqu'à présent ont combattu dans
les rangs de l'armée de la foi , plutôt pour sa-
tisfaire les habitudes militaires qu'ils ont contractées pendant la dernière invasion des Français, que par opinion. L'Espagne n'attaquera
jamais avec avantage les armées françaises plus
régulièrement organisées que les siennes, et
assez nombreuses pour lui opposer si elles le
veulent franchement un mur d'airain sur toute
la ligne des Pyrénées. Aussi est-ce le lien politique qui unit le gouvernement , le peuple et
l'armée qui sera menacé par son intervention
et non la force matérielle de la France ; c'est
ce lien qu'il faut fortifier, et qui ne peut l'être
aujourd'hui que par l'exacte observation des
lois, par la sagesse de l'administration, des
tribunaux, et de tous les agens du pouvoir.

Si depuis la restauration le gouvernement
représentatif n'avoit pas été suspendu pendant
sept années, la monarchie ne se trouveroit pas
dans ces circonstances périlleuses ; elle auroit
depuis long-temps rallié tous les partis , et

surtout elle n'eût jamais provoqué l'exaspération des Espagnols. Le ministère auroit senti dès 1820 que, sans être parfaitement analogue dans leur ensemble, la constitution des Cortès et la Charte n'ont cependant pas d'incompatibilité de principes. En demeurant étroitement uni à l'Espagne, il y auroit calmé d'autant plus facilement l'effervescence des patriotes et celle des royalistes, que l'aristocratie ne s'y est pas jusqu'à présent séparée un seul instant du peuple. La révolution n'auroit point été ensanglantée, et la vie de Ferdinand VII n'auroit jamais été exposée au milieu d'une nation généreuse qui mettra sa gloire à conserver ce prince, comme un monument de tout ce qu'elle a fait d'héroïque pour lui ou en son nom.

Lorsque le ministère est arrivé à la tête des affaires en 1822, le moment favorable pour comprimer la révolution espagnole étoit passé, et elle avoit été tellement exaspérée par l'attitude ennemie que le gouvernement avoit prise contre elle dès son origine, que toute conciliation étoit devenue impraticable. Les diplomates français ont donc été réduits par la gravité des circonstances à proposer au congrès un moyen désespéré, mais enfin le seul qui présentât encore la chance d'un succès complet; c'étoit de porter en Espagne toutes les forces militaires de l'Europe, afin d'y écraser d'un seul coup la démocratie. Cette proposition ayant été reçue froidement par la Sainte-Alliance, et l'Angleterre ayant manifesté l'intention d'intervenir pour s'opposer à son exécution, le ministère s'est trouvé, à l'issue du congrès, dans une position plus fâcheuse encore qu'elle ne l'étoit auparavant; parce que toutes les fois qu'on fait d'inutiles efforts pour sortir d'une difficulté inextricable, on s'y enfonce davantage. Cependant il a pris le seul parti sage qui lui restoit à prendre, et le seul qui puisse sauver la monarchie. La question devant irrévocablement être décidée par la guerre, il a préféré attendre les Espagnols, afin qu'elle le fût entre les armées des deux nations. Il a mis ainsi du côté de la France toutes les chances qu'il pouvoit y mettre. Ses armées sont supérieures, et elles sont placées avantageusement sur les Pyrénées. En se tenant sur la défensive, il lui conserve toute la force morale de son propre système représentatif, et toute celle qui résulte de la conformité de ses principes constitutifs avec ceux de l'Angleterre. S'il eût fait faire une invasion en Espagne, il auroit compromis l'armée française, qui est son unique ressource, contre toute la population de la Péninsule et contre toutes les difficultés de son sol ; en dernière analyse, elle auroit eu à combattre aussi la puissance morale et militaire de l'Angleterre. Si l'armée espagnole est battue sur les Pyrénées, ses revers réagiront sur toute la nation : désespérant d'entraîner la France dans ses principes révolutionnaires, elle sentira le besoin de se rallier à ceux de la monarchie représentative. Dans ce sens, l'Angleterre interviendra comme conciliatrice entre les deux gouvernemens ; l'attitude amie qu'elle prend vis-à-vis de l'Espagne, donnera le plus grand poids à sa médiation.

Les royalistes vouloient la guerre, ils ont gain de cause, puisqu'elle est devenue inévitable ; mais ils seroient bien déraisonnables s'ils ne laissoient pas au gouvernement la liberté de la faire sur un terrain où, en courant moins de chances désastreuses, il peut obtenir des résultats plus réellement utiles aux intérêts monarchiques. En désirant la guerre, il faudroit qu'ils se refusassent à toute espèce de conviction pour ne pas préférer qu'elle fût défensive.

En 1816 le vaisseau de l'État se trouvoit en pleine mer, il pouvoit y voguer en toute sécurité ; des pilotes inhabiles, après en avoir dérangé les agrès, l'ont, à grande peine, et par une longue suite de fausses manœuvres, conduit contre un écueil où il est près d'être brisé ; que le ministère se contente de le remettre à flot, et ne contrarie pas sa marche ; la monarchie pourra encore une fois être sauvée par la sagesse de la nation française, qui aujourd'hui ne demande que l'observation des lois, et une administration qui ne provoque pas de nouveaux troubles politiques, dont elle repousse

6.

les principes de toute la force de sa raison.

A la suite de nos dissensions et de tant de fautes commises par le gouvernement, si une armée espagnole parvenoit à pénétrer en France, il est impossible de ne pas être effrayé des dangers qu'elle feroit courir aux intérêts publics, en exhumant les débris de nos divers gouvernemens révolutionnaires.

La nation française n'est pas mûre pour former une république : cette assertion n'a pas besoin d'être discutée; elle est incontestable pour quiconque connoît nos mœurs et notre esprit public. Il viendra une époque où toutes les monarchies de l'Europe dégénéreront en républiques ; et, lorsque les sentimens factices qu'elles ont fait naître pendant un règne de tant de siècles seront absolument éteints , nos neveux comprendront difficilement leur existence prolongée. Aujourd'hui toute tentative, faite en France pour hâter cette époque de maturité, y causeroit d'horribles déchiremens.

La famille de Napoléon n'a pas eu le

temps de jeter d'assez profondes racines dans le sol et dans les affections des Français pour être propre à consolider le trône constitutionnel. Ses partisans attendroient d'elle le retour de toutes les splendeurs de l'empire, et leurs espérances seroient promptement déçues. Ils regrettent les victoires et les faveurs de cette brillante époque, et seroient des amis peu dévoués d'un Roi réduit à la gloire modeste, quoique beaucoup plus réelle, de gouverner selon les lois et uniquement dans les intérêts du peuple. Séparé de la partie la plus compacte de l'ancienne aristocratie, qui demeureroit attachée aux Bourbons, comment ce Roi contiendroit-il les descamisados espagnols et ceux de France réunis et déchaînés? Son règne ne pourroit être qu'un règne d'un moment. Appuyé sur sa force militaire, Napoléon avoit conquis sur les différens partis les hommes et les intérêts à l'aide desquels il prétendit fonder son trône; mais le temps lui ayant manqué pour les identifier à sa dynastie, et pour les rendre parfai-

tement adhérens entre eux, le faisceau en a
été facilement dissous, lorsque la force qui les
avoit réunis a été détruite. Depuis 1814, chaque
partia ressaisi les hommes et les intérêts qu'il
y avoit forcément apportés, et il reste à la
famille impériale un très-petit nombre de ces
partisans exclusifs, dont le dévouement rend
les vieilles dynasties presque indestructibles
dans les monarchies. C'est par un semblable
dévouement que le parti royaliste a survécu
en France à vingt-cinq années de révolutions,
et s'est retrouvé tout entier au moment de la
restauration, de manière que le trône ne peut
être fondé solidement que dans la famille et
dans l'ordre de succession légitime. Si en supposant, ce qui est impossible aujourd'hui, un
prince appartenant à cette famille consentoit
jamais à y arriver autrement, il y seroit en vain
soutenu par quelques coteries de Paris, abandonné des royalistes, et, n'ayant pas un véritable appui dans la nation, il n'auroit qu'une
existence éphémère, et seroit hors d'état de
donner à la couronne cette consistance qui lui

est nécessaire après une si longue tourmente. Un prince étranger se trouveroit encore plus isolé au milieu de la France, et ne donneroit ni force ni fixité au trône. Ces vérités ne pourront pas être rendues trop populaires dans la crise qui se prépare ; que tous les pères de famille, que tous les hommes occupés de travaux utiles, que tous les amis du repos et des lois demeurent convaincus qu'il n'y a pour la France, hors de la légitimité, qu'une suite de chances révolutionnaires plus désastreuses les unes que les autres. Que cette pensée soit présente à l'esprit de tous les Français, et soutienne leur patriotisme au milieu de tant d'événemens propres à réveiller des regrets, et à faire naître des espérances qui ne peuvent plus être satisfaites, mais qui serviroient à précipiter l'Etat dans d'incalculables malheurs. Dieu protecteur de la France, tu ne lui auras pas retiré irrévocablement l'appui de ta main toute-puissante! tu n'auras pas condamné à vivre dans d'éternelles révolutions le peuple le plus doux, le plus social, le plus disposé à se laisser sagement gouverner, et à chérir ses chefs ! Tour à tour victime d'une anarchie sanglante, de la fureur des conquêtes et de l'impéritie ministérielle, n'a-t-il pas épuisé la coupe des misères ? Si quelquefois il s'est laissé égarer, n'a-t-il pas assez expié ses erreurs, et satisfait à tes vengeances ? L'Hôpital ! Sully ! grands hommes enfans de cette France, qui sûtes demeurer patriotes, même au sein des cours, intercédez du haut des cieux pour un peuple magnanime, à qui de nos jours il n'a manqué que vos pareils pour devenir la première nation du monde.

Les Espagnols attaqueront les armées françaises sur les Pyrénées, parce qu'au point d'exaltation où leurs passions politiques ont été amenées, elles ne peuvent plus être apaisées qu'après qu'ils se seront heurtés contre une force étrangère : ils seront battus. A la suite de ces événemens, l'Angleterre, par son intervention amicale, obtiendra inévitablement des modifications à la constitution des

Cortès, afin de faire entrer plus intimement l'Espagne dans le système de la monarchie représentative. L'Angleterre et la France réunies enfin dans ce même système, auront un tel poids dans la politique des peuples civilisés, qu'elles nécessiteront sans combats, en même temps et en peu d'années, la dégénération de toutes les monarchies absolues, de manièreà les y rattacher, aussi bien que la régénération dans les mêmes principes de celles de la Péninsule, momentanément entraînées au-delà par des révolutions tout-à-fait démocratiques.

Ces résultats sont si impérieusement commandés par l'esprit public de l'Europe, qu'ils s'accompliront même en brisant, s'il le faut, les hommes et les choses qui résisteront à la conviction que cet esprit doit faire naître : ils surmonteront également, et les fureurs des patriotes Espagnols, et les fautes du gouvernement français, et les préjugés et le fanatisme des vieilles monarchies.

FIN.

TABLE

DES CHAPITRES